midria

Cartas de amor
para **mulheres
negras**

jandaíra · primeira edição · são paulo · primavera de **2022**

agradeci**mentos**

em memória
de **milena cayres**

Às que vieram antes de mim,
ainda que não saiba nomeá-las.

A minha avó Olinda, mulher que me ensinou o afeto em tantas formas.

A Ary Pimentel por acreditar na minha palavra e na de muitas gerações de poetas periféricas que ainda virão.

A Rose e Terra Afefé, por me acolherem e serem casulo seguro para que esses escritos nascessem durante minha estadia na microcidade do interior de Ibicoara (BA) em novembro de 2021.

A Mãe Aline, Mãe Neide e
Mãe Ingrid por cuidarem
do meu Orí.

Às versões de mim mesma
que me trouxeram até aqui.

prefácio por **karina vieira**

O afeto nos pertence. E são os afetos, os múltiplos, os tantos, que nos situam, nos mobilizam e nos dão direções, são eles que nos autorizam a sentir.

É nossa a possibilidade de ter um olho no passado e outro no futuro, um olho agradecendo e reverenciando quem veio antes, e outro projetando aquilo que nós podemos ser, mas com os dois pés fincados nesse tempo de agora: nós somos presentes.

As palavras que fluíram de Midria e como água abrem caminhos até chegar a nós foram conduzidas pelo afeto a nós, mulheres negras.

Que as palavras cheias de poder e plenas de ações que Midria colocou no mundo te achem também: você que se sente solitária, que acha que está só, você que caminha pelos becos da vida depois de um dia de trabalho e ainda vai estudar, você que acha que já passou da idade, você que pensa que aquilo não mora no seu peito não é pra você, você cujos sonhos são grandiosos, imensos assim como você é.

Nós não estamos sozinhas, nós somos parte e *Cartas de amor para mulheres negras* nos permiter sentir isso.

eu gostaria de escrever
sem estar com raiva

prelúdio

Eu gostaria de escrever cartas
de amor para mulheres negras
enxergando apenas nossa
imensa existência

Sem rimas com dores e
lutas, por um dia só eu queria
exaltar nossas pluralidades sem
culpa, não lembrar

Que somos fortes, mais
do que deveríamos

Que somos tão grandes quanto o
mundo não nos deixou ser

Eu gostaria de escrever
cartas de amor para mulheres
negras como se vivêssemos em
um mundo onde não há
qualquer espaço

Pequeno ou gigante demais,
em que não caibamos, em que
pele, tez ou sexo não me entre

Eu gostaria de escrever sem
a memória do que poderíamos
ter sido e com a certeza de que
tudo tornaremos a ser

Eu gostaria de escrever
menos eu e mais nós

Poemas coletivos de vidas
plenas sem poréns ou vírgulas,
concretudes de utopias em que
a dor não tenha lugar

Por um dia que seja ao
menos possível imaginar

Eu gostaria de escrever um
mísero conto, onde pudesse
sussurrar nos ouvidos
nossos próprios

Um ponto tocado na boca
do tambor, que aninhe a alma
quando tudo estiver
sensível demais

E nossa pele parecer penetrável
por qualquer poeira do acaso
cósmico, propiciando sinônimos
de dor como nosso único destino

Eu sussurrei de volta: que
escreveremos poemas com raiva

Mas caminharemos como
camélias, sem esquecer que
a dor não é nosso sobrenome,
relembrando que o afeto nos
pertence com reverência

Reencontrando em cada uma de
nós a passagem de volta para o
sentido mais potente de ser

Quem viemos para ser

E ninguém há de nos parar

um

Quais as chances de uma mulher
negra viver de sua própria palavra,
do seu próprio verbo fazer um
mundo inteiro novo ser possível?

Quais as chances de que minhas
ancestrais tenham sonhado para
mim tudo isso?

Mulheres baianas talvez
acorrentadas nas lavouras daqui
dessas bandas sem a chance de ir
a qualquer lugar outro, para além
daquele autorizado pelo domínio
branco sobre os nossos corpos

Eu me imagino vivendo na brecha
do universo

No espaço onde tudo habita e
nada é possível

Eu me imagino fora do gráfico
da estatística e sobre o vértice
da não culpa

Em uma residência artística busco
encontrar mais espaço para morar
dentro de mim mesma

Eu que não caibo dentro de mim mesma sinto agora mais quentinho e acolhedor, tem uma escrivaninha toda minha encarando as sombras que permito habitar além do interior que já fui galáctica

Quem escreve para criar uma narrativa sobre si mesma que sirva de proteção, como num Ebó de palavra

Quem filha do velho sabido e menino teimoso tanto pensa mais rápido que a velocidade das estrelas todas juntas

Quem se nomeia, sem mais receio

Prazer, poeta.

afirmações positivas sobre a
abundância como direito também nosso

do**is**

Do útero ancestral que deu
origem a tudo, de Mansu Musa,
negras forras

Eu sou próspera, abundante e rica
em uma vida permeada de axé

Eu sou caminho de fruição dos
sonhos mais luxuosos da minha
ancestralidade

Eu me permito sonhar e ir além
do que disseram que eu poderia,
eu ouso existir com dignidade
e conforto

Eu sou paga para fazer aquilo que gosto, eu trabalho colocando no mundo palavras e ações que têm um propósito divino maior

Eu não tenho medo do dinheiro e ao mesmo tempo não me iludo com ele

Não desperdiço os frutos dos meus esforços

Faço meus búzios encontrarem o caminho da coletividade no mercado, entre negres, mães, mulheres, trans, perifériques...

Compreendendo que existem formas múltiplas de fluir riqueza e o bem-viver é o sentido mais valoroso pelo qual caminhar

Eu sou próspera

Somos prósperas

lembrete de geladeira:
preciso de ajuda

três

Para lembrar que está
tudo bem em pedir ajuda

Para lembrar que os caminhos que
trilhei até aqui foram coletivos

Para me livrar da lógica
branca da autossuficiência

Para não confundir
autonomia com solidão

Para valorizar o
meu propósito de vida

Para ver o mundo com
olhos mais brilhantes

Para lembrar de quem sou
e de onde eu vim

Para não me
perder de mim mesma

Para acreditar em
mim mesma

Preciso de ajuda

minhas
ancestrais

qua**tro**

Cresci em um mundo mulher

Duas mães, uma avó, algumas tias,
muitas primas, nenhum pai

Em um mundo mulher feito
nascido do peito, sem sangue que
nos conectasse, apenas sendo
família de fazimento

Instinto materno? Instinto mulher

Cresci cercada dessa força que
me constrói como sou, mas ao
mesmo tempo faltando parte

Diz meu terapeuta que preciso
me conectar-me reconciliar com
minha parte masculina

Meu pai que é preto, que tinha uma banda de forró que fazia ensaio na nossa garagem com um palco improvisado na minha infância, que hoje virou extremista conservador, que teve outra filha depois de mim e do meu irmão, que nunca nos apresentou, que parou de pagar pensão e afeto

Minha ancestralidade negra está do lado dele da família, o menos estruturado, com quem tenho menos proximidade

Montar minha árvore genealógica é o eterno desafio da incompletude como o da paternidade que ele não exerceu

O buraco da presença ausente que perfurou meu peito

Mas de uma dor que anestesiei com o senhor tempo

Eu não tive um pai e tenho um irmão

Eu me reconecto com minha ancestralidade negra como na tentativa inconsciente de me conectar com esse pai fugido

Eu perdoo meu pai conversando imaginariamente com as ancestrais dele mesmo

A parte negra e indígena
do meu sangue

Eu converso com
elas misticamente sem
saber seus nomes

Invento seus
rostos observando
as constelações

Penso sobre os lugares em
que nasceram e viveram

Talvez perto daqui

Seus sonhos, frustrações,
desejos, ímpetos e legados

Eu penso sobre elas todos os dias

Aqui tenho pensado mais

Eu sou uma parte delas? Eu sou o
legado delas?

Eu sou a concretização
de seus sonhos?

Eu as agradeço,
peço um pouco
de seu axé

E sigo

Para me tornar ancestral
do mundo mulher das
minhas futuras

lista de tudo
que sou

cinco

Poeta;

Cientista social;

Futura antropóloga;

Taróloga;

Passista de frevo;

Cantora – de videokê;

Compositora de canções
sussurradas em meu interior
por minhas ancestrais;

Bailarina de dança contemporânea;

Numeróloga;

Um projeto de educadora popular;

Embriã de roteirista;

Colunista;

Podcaster;

Jogadora de rugby;

Designer quando precisa;

Colagista;

Yogui kemética;

Artista.

Da linhagem de
Carolina Maria de Jesus,
que além de escritora, compositora
e intérprete de sambas, foi
circense, cê sabia?

Me permito como ela ser
muitas versões de mim mesma,
dilatar as vistas sobre meu corpo
infinito que se entende como
morada de artista

Dessas que acreditam
em criar no mundo

Como sinônimo de estar viva

Ser criativa como benção dos
céus, abraçar os tesouros que
trago guardados no meu interior
e comunico pro mundo com afeto
buscando transformá-lo

Quando eu penso em
preta galáctica, penso
nessas constelações

De tudo que interminantemente sou

E da liberdade de tudo que
ainda posso ser

poema que
é um bilhete da minha
**versão de 70 anos para
a eu do presente**

seis

Encontrei nos pés de um rio:

"Querida nós, se lembre de:

- *Beber água*

- *Comer direitinho seguindo a dieta que a nutricionista recomendar*

- *Tomar sua vitamina B12*

- *Meditar antes do trabalho para não ter um* burnout

- *Rezar para seus guias e Orixás antes de dormir*

- *Ir à academia para fazer musculação com disciplina para proteger nossos frágeis joelhos flexíveis demais (eu não mereço ter uma lesão porque você ficou com preguicinha de puxar um ferro)*

- *Fazer terapia, mesmo que como exercício contínuo de autoconhecimento*

- *Se manter firme no terreiro para que hoje eu possa ser uma anciã nele*

- *Fazer* check-ups *anuais*

- *Se masturbar*
- *Praticar yoga*
- *Conversar com frequência com sua mãe e avó*
- *Ouvir afirmações positivas*
- *Lembrar e celebrar os aniversários de quem ama, inclusive o seu*
- *Descansar*
- *Ler mais literatura do que teoria*
- *Cuidar da sua pele*
- *Se perfumar*
- *Fazer nada*
- *Ter encontros com sua artista*
- *Se consultar com tarólogas e astrólogas e oraculistas*
- *Se manter curiosa*
- *Dançar*
- *Cantar*
- *Beber chás*
- *Dizer que ama suas amigas*
- *Se agradecer*
- *Chegar até aqui com calma"*

eu sinto saudade de tudo
que ainda não vivi

sete

Eu deixei para
depois escrever
esse poema

Porque comecei a
escrevê-lo em um
momento em que
estava cheia de mim,
bem acompanhada
dos meus sonhos
e inventividade

Sobre a solidão,
conversemos
outra hora

ode às
mulheres negras

oito

A todas que vieram,
às que já foram e às que virão

Que são útero primordial do
mundo, todas filhas, mães e avós

Irmãs de perto e de longe

As que conheci e as que ainda
virão, as que jamais conhecerei

As que escrevem,
cantam e têm suas palavras
atravessando oceanos

As que dançam no céu da noite
de seus próprios corpos

As que tecem o tecido da vida

As que fazem jogos com
as estrelas

As que representações
dos fragmentos da beleza
de Oxum

As que construtoras de
outros mundos

As que exploradas
e revolucionárias

As que quituteiras
para alforrias

As que fazem filmes e as
que mantêm itans vivos

As que jogam futebol e as
que conversam com os búzios

As que minhas amigas e as
que não mais

As minhas mães e as ancestrais
de minha avó paterna

As feiticeiras,
educadoras,
escultoras,
antropólogas,
faxineiras,
blogueiras,
motoristas,
lutadoras,
prefeitas,
borboletas,
espelhos,
eu,
você,
todas inteiras
e múltipas
que somos

Que não nos falte
caminho e benção

Para recriar o universo
com nossa sabedoria, com
nosso rebolado espontâneo,
com nossa intelectualidade
orgânica de quem entendida
de tudo um pouco porque
tudo criou

Que sejamos felizes e
plenas, saudáveis, prósperas
e abundantes

pois imensas já somos

ancestrais já somos

de todo que veio e de
tudo que virá

homem
branco

nove

Pretenso dono do mundo

Barriga cheia de chop, sentando em um bar na orla do Leblon, dirigindo seu carro de luxo com ar condicionado que cria uma película de vidro contra qualquer problema de uma realidade não sua, que nunca tocou numa louça, que vota por quem prometa manter seus privilégios, que investe na B3 e gosta mais de esculturas de touro do que de gente, todos devem ser taurinos inclusive acostumados demais com o conforto para dividi-lo, ou hippie que cansou dos privilégios e decide ser viajante, que comenta que máquinas de lavar são uma enganação e bom mesmo é amassar as roupas com os pés numa bacia, para ser mais rudimentar, o mundo voltar para seus primórdios, fingido anarquista menino que diz querer construir uma realidade melhor sentado na própria herança

O que se sente bem-
-vindo em qualquer
espaço do universo,
quanto mais velho
pior, mais se lembra
com saudosismo
dos velhos tempos
coloniais

Não quero que
escutem nossas
ideias de dominação
mundial, não fiquem
atrás da porta

Não confio
em você

Nem um,
nem outro

mulher
negra

dez

Geradora
da
vida
inicial,
dona
de
tudo
por
direito

De corpos plurais e múltiplos,
no corre do busão lotado
desde as 4 da manhã
saindo da quebrada, tendo
o descanso como luxo, que
lava sua louça e da patroa,
que faz promessa para o
santinho de Anastácia livre
relembrando o canto por uma
vida melhor e entrega três
moedas a Esú em suas visitas
a ele, aquariana visionária na
luta por um futuro coletivo,
viajando para reencontrar
suas ancestrais, feliz pelos
avanços de ter uma máquina
de lavar em casa depois de
tantas gerações da família
com a barriga no tanque,
matriarca de um terreiro
em que toda pessoa é
acolhida em inteireza criando
prosperidade coletiva

A que é bem-vinda
no meu aconchego

Quanto mais velha
melhor de ouvir

As histórias de andanças
que me dão a confiança
necessária para cumprir

As missões que Orixá
confiou a mim

É maravilhoso
ver mundos
se recriarem na ponta
dos meus dedos

mulher negra
feliz

onze

Pelo teto sobre minha cabeça, pela comida de vida do meu ventre, pela cabeça cheia de ideias e inventividade para refazer o mundo, por ter meios para ver paisagens diferentes da terra, por acreditar ser possível ir a Saturno e voltar, por me perfumar pela manhã com o cheiro que senti na infância em um catálogo, por não me importar com o preço, por ligar e gargalhar com minha avó ao telefone, por pagar uma nutricionista para minha avó e continuar amando e defendendo o SUS, por saber que o amor bate à porta me chamando para dançar,

por poder descansar,
por ouvir a voz de minhas
ancestrais sussurrando no
vento, por malhar os
glúteos, por fazer *skincare*,
por dançar quando ninguém
está vendo, por ter patrocínio
para publicar este livro, por
poder programar minhas
futuras viagens, por enxergar
o que há atrás do céu, por me
enxergar bonita no espelho,
por escrever a próprio
punho o meu futuro
e o das nossas

Coitada da pessoa por
quem eu me apaixonar

Vai ganhar tantos poemas

As que quebraram meu
coração já ganharam

Imagine um amor doce
e leve, como o *tarot*
me prometeu

No momento estou
apaixonada por mim

Escrevo poemas de amor
para mim

se**mana**

doze

Terças são vermelhas e quentes, cheias de quentura me fazem querer usar meu vestido que faz com que eu pareça mais madura

Quartas são tranquilidade e terapia, respiro que me recarrega para seguir em frente

Quintas são crises e
reflexões sobre tudo
que foi e tudo que falta

Às sextas usamos
branco e peço um
pouco da paciência
de Obatalá

Aos sábados me perder
pelos quatro cantos da
cidade gingando com
corpos que habitem o
mesmo espaço m² da
existência que eu

Domingos
me reorganizo,
reencontro, reabito

Às segundas-feiras
começar tudo de novo,
pedir passagem para
orquestrar o tempo,
licença para orixalidade

Eu adoro planejar
minhas semanas

Uma a uma

Me lembram de que
tudo tem seu tempo —
precioso, tenho o meu

lista das coisas mais importantes
que aprendi até os 22
(uma para cada ano de vida)

treze

1
Precisamos proteger
a autoestima de nossas
crianças negras

2
A reparação histórica
nunca vai acontecer
plenamente, lutemos por
ela todos os dias

3
Adoro carinho na orelha

4
Terreiros humanizam
pessoas pretas

5
Orixá está em tudo

6
O mar é o melhor descolorante
de cabelo

7
Desafiar nossas mães é
importante, especialmente
quando o que se desafia
na verdade são padrões de
opressão intergeracionais

8
Dançar é a melhor maneira de
me reconectar com meu corpo

9
Pessoas brancas têm perdão
garantido; eu, nós lutaremos
para sermos

10
A universalidade
precisa morrer

11
A abundância vai além do dinheiro e é nosso direito ancestral

12
Cozinhar é uma maneira de ser afetuosa com meu estômago e com minha conta bancária

13
Colo de vó, dedos de orégano da minha vó, são o melhor que há

14
O candomblé me fez mais vegana

15
Partilhar é essencial

16
Rir na cara das estatísticas e
subverter a expectativa branca
sobre meu destino

17
Outras mulheres negras
conseguem traduzir tudo o que
sinto em suas canções

18
Sua versão criança sabe
melhor que você

19
Reinventividade > Resiliência

20
Esquecer do próprio corpo é
muito fácil e o primeiro passo
em direção ao precipício

21
Amor não se negocia

22
NÃO COMPLETEI 22 AINDA!

Não viverei a narrativa das dores como meu único destino

tutorial de como escrever uma carta
de amor para si mesma

quato**rze**

Para escrever uma carta
de amor para si mesma

Comece se amando

Esqueça as mentiras
que contaram sobre você,
as profecias falsas sobre
o seu destino

Se enxergue reconhecendo
o peso e a verdade de sua
história, toda sua imensidão

Pegue uma folha em branco

Beba um copo de água,
deixe sua cantora favorita
cantarolando para você

Dance uma canção que
invoque suas ancestrais
em cima do papel

Contextualize seu momento
de vida, mande notícias
do seu mundo pessoal, se
lembrando de que você ainda
tem tanto a descobrir sobre
si mesma

Teça elogios amorosos
sobre sua aparência, corpo,
presença no mundo,
força, afeto

Mele a si mesma de flertes
que relembrem e evidenciem
seu poder de sedução

Se faltar inspiração,
antes faça uma sessão de
autoadmiração em frente
ao espelho

10 minutos sem se julgar,
olhando cegamente para si
mesma, fascinada por cada
molécula que te compõe,
observando estrelas e
constelações inteirinhas
dobras pele escura que
te guarda

Transcreva a fascinação
em palavras

Conquiste a si mesma

Diga tudo que gostaria de
ouvir do amor da sua vida

O primeiro grande amor
é justamente você

carta para minha bisneta **livre**

qui**nze**

Minha querida bisneta,

Dizem as postagens de Instagram que todas nós já moramos no útero de nossas ancestrais da linhagem materna. Não sei bem se você está aqui comigo agora. Eu, na verdade, tenho medo de parir e talvez só reúna coragem para adotar. Mas não me importa como você chegará até este mundo — que eu torço para que esteja aqui no seu momento de viver a despeito da crise climática.

Minha querida bisneta, entenda este livro como um presente atemporal que nos conecta. Escrevendo para mulheres negras que me inspiram, sejam vivas ou já no Orum, escrevo indiretamente para você. Que eu espero que viva em um mundo onde mulheres negras sejam amadas em plenitude e sem poréns.

Quando comecei a escrever este livro, o que mais me atravessava era a necessidade de reconstituir imaginários possíveis de afeto sobre mulheres negras. Merecemos uma infinidade de amor, mas muitas vezes existe essa camada mais íntima que o racismo moldou nos últimos 500 anos para a qual não há protesto, processo, lei de cotas ou qualquer outro remédio que possa facilmente remoldar. Não podemos obrigar o mundo a nos amar, mas podemos tecer redes de afeto entre nós mesmas.

Sermos felizes a despeito do mundo, construindo outros mundos possíveis em nós. Os poemas que escrevi aqui surgiram em uma residência artística no interior da Bahia, na Chapada Diamantina. Vivi um momento mágico de imersão na minha criação artística, habitando uma obra de arte em formato de cidade gestada por outra mulher negra. A parte negra do nosso sangue vem de lá, das bandas do sul baiano de onde minha avó paterna veio.

Escrevi muito pensando em nossas ancestrais que viveram naquela mesma região, talvez algumas montanhas para trás. Buscava me orientar pelo GPS em direção à cidade de origem dessa parte da família, imaginando-as ali atemporalmente. Quais eram seus sonhos, dores, desejos, frustrações, ideias mais incabíveis para a época em que viveram? Será que somos tudo que elas sonharam?

Nunca saberemos dizer, mas posso registrar daqui meus pensamentos para você aí no futuro. Espero que você possa sentir o afeto que nos aproxima por meio dessas palavras, que são um exercício de autoamor, que espero que inspire exercícios de amor de forma coletiva, que espero que transmute um mundo em que vivamos nossas potências e afetos em plenitude.

Desejo um mundo mais acolhedor do que o que conheço para você.

Com amor, Midria.

Jamais
esquecer
que
sou
o
primeiro
e
maior
grande
amor
da
minha
vida

ritual de dançar
comigo mesma

dezess**eis**

Me tiro para dançar

Para ser mais precisa, tiro todas que moram dentro de mim para essa dança

Escutando música de uma bandinha triste do Recife

Imagino minha versão de 3 ou 4 anos, na fase brincalhona da vida em que o riso vem frouxo e cheio de sapequice no olhar

Me abaixo para conversar com ela

Ela me sorri de volta e não nega o balancinho, brincadeira doce

A de 7 anos foi à festa junina dançar *country* e atazanou nossa mãe para que comprasse um vestido caipira, típico de quadrilha, e está um pouco envergonhada do estilo diferente do restante da turma

Mas segue no seu forró

Minha pré-adolescente de 10 ou 11 anos,
já mais tímida, fica me encarando, desconfiada

De cabelo alisado, ela já não se sente tão
confortável no próprio corpo, mas acena de volta
com cabeça e olhar que sim, está ali presente

A de 15 ou 16 que passou pela transição
capilar é cheia de medos, dúvidas, incertezas
sobre seu lugar no mundo

Mal sabe o tamanho da emboscada em que
a vida a meteu, e é mesmo bom que não sinta a
dimensão do peso para não sucumbir

Ela já é mais dada e dança indie, como boa amante
de livros piraria em saber que já fomos à Livraria
da Jaqueira e que o próximo Doctor Who é um
cara negro e que amanhã terei aula de lindy-hop

E dançamos como na década em que
vovó nasceu dançaram

A de 18, do primeiro ano da universidade,
nem sonhava com o tamanho da jornada que iria
trilhar, queria mesmo festa e beijar

Nos beijamos

Ela quer ser descolada e pertencer e demora
2 horas no transporte e lê textos no vagão do trem
sentada no chão a caminho da aula e daqui um
ano começará a dançar ballet contemporâneo

Ela foi a última que me trouxe até aqui

E imagino a próxima que virá de nós

Não consigo visualizá-la em detalhes,
mas sei que é maior

E reluzente

E sorrimos uma para outra

E minha bebê de 8 meses cai dos
céus em meu colo

Então me recordo que seria só nessa fase da vida,
habitando esse corpo, que eu não sentiria dores
de tensões nas costas ao receber uma massagem

Depois daí só ladeira abaixo

E agora eu danço, busco desculpas
para dançar a qualquer hora do dia, frevo,
funk, contemporânea, lindy-hop

Me chame para dançar

Me chamo para dançar

À noite no meu quarto antes de dormir faço um
baile com todas de mim que moram aqui dentro

As imagino e acalanto de volta

Dançamos como na década em que vovó
nasceu, ouvindo o rock triste pernambucano

E no final todas me abraçam

E com a minha eu de 8 meses no colo eu choro

E seguimos no balanço conjuntas

Ritual de expurgo das dores de nossos
corpos atemporais

o que de mais
importante aprendi com Lélia

deze**ssete**

Lélia me ensinou, sem me contar

Em uma biografia sua que
a militância vale a pena sim,
que precisamos construir
outro mundo possível onde
todes nós caibamos e os
direitos todos assegurados
nos deem uma sensação de
maior apoio na vida

Mas mais importante que
sua luta e escritos, ao contar
sobre o arrependimento de
não ter se cuidado e adoecido
tanto nos anos finais antes
de sua morte, pela dedicação
extrema à causa

Lélia me ensinou
que preciso me cuidar

Escrever cartas de amor
como essas para nós todas

Acredito que ela
nos aconselharia a
sermos firmes, mas
jamais esquecermos

De abraçar o espaço do
descanso, da humanidade
singela em nós mesmas

Lélia me ensinou a gritar e
esbravejar com o mundo

Sabendo a hora certa
de abaixar o volume e
na recolhida, no meu
âmago e com as minhas,
me recarregar

Cafuné pode ter origem
pretuguesa no quimbundo e
eu faço em nós mesmas com
as palavras, banho de folhas
de afeto em palavra, canções
sobre podermos ir mais longe

Sem que a dor nos defina

Midria **em Terra Afefé**

Midria é poeta e cientista social formada pela USP. Filha poética dos movimentos de saraus e *slams*, desde a adolescência se viu encontrando na palavra um espaço seguro para habitar. Em 2018 viralizou com um vídeo de sua participação no programa **Manos e Minas** da TV Cultura, recitando o poema **A MENINA QUE NASCEU SEM COR**, que dá título ao seu primeiro livro de poesias e a uma adaptação infantil de mesmo nome publicada pela editora Jandaíra. Participou do Campeonato Paulista de Poesia Falada em 2018 representando o ZAP! Slam e em 2019/22 representando o Slam das Minas SP. Apresenta um espetáculo poético com suas poesias explorando múltiplas linguagens desde 2021. Também em 2021 integrou a coletânea *Carolinas* organizada pela FLUP, sendo um dos novos rostos expoentes da literatura negra e feminina do Brasil. Quando não escreve ou fala poesia, pesquisa *slams* com um olhar antropológico, se mete a produzir documentários, dança frevo, performa colocando colchões na rua para trocar afeto com pessoas estranhas, joga *tarot* e *rugby*.